AF362420

Emblèmes et Légendes

des

Fleurs

par I. Blaine, curé.

Volume sans titre - Imprimé dans Indre et Loire
en 1869.

En achevant ces mots Zacharie s'arrêta,
me montra le ciel où nous devions nous retrouver un jour : et sans me laisser le temps de
me jeter à ses pieds, il me quitta après m'avoir
donné sa dernière leçon. C'est ainsi que Jésus-
Christ dont il imite l'exemple, se plaisait à ins-
truire ses Disciples en se promenant au bord
du lac de Génésareth, et faisait parler l'herbe
des champs et les lis de la vallée.

(Châteaubriand. Les Martyrs.)

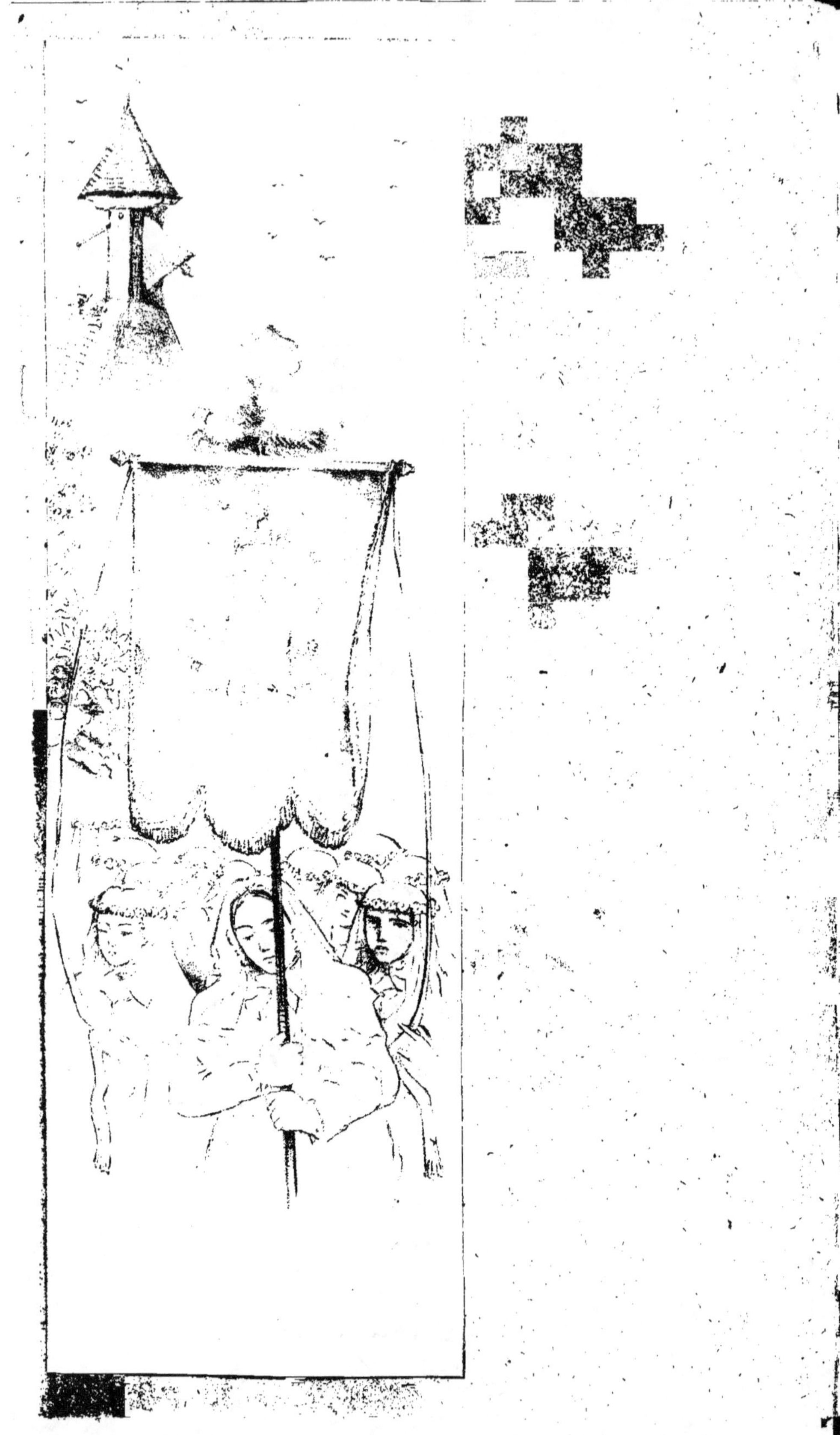

Trop souvent on prête aux fleurs un faux langage.
Qu'une injuste défiance ne nous prive pas de leur suave entretien pourtant !
Ne vous délectez pas en elles ; car elles sont de la terre. Mais, si vous êtes purs,
elles le sont aussi.
Elles vous attendent, esprits délicats, âmes jeunes et poétiques, qui avez
su mettre à profit déjà plus d'un moyen d'élévation.
La morale Chrétienne a parfois besoin de condiments ?
La Divine figure de Marie vous captive. Mais son Nom !
  — Son Nom seul, qui dit le Mois des fleurs, vous convie à la méditation.
Le Dieu dont elle est l'infinie Sagesse, créa pour vous la sensitive et le char-
don-de-Notre-Dame, l'Algue-marine et l'arbre-géant ; il vous attend
sur les Pentes privilégiées.
Que la foi vous conduise et que la grâce vous soutienne ! Avec un peu
de travail vous achèverez pour l'édification commune les tablettes
ébauchées.
Je vous laisse beaucoup à recueillir................beaucoup de papier
blanc.....................Ce sera *Votre Mois De Marie.*
Les livres qui interprètent l'éloquence des fleurs ne manquent pas :
chercher et choisir, lire le crayon à la main : c'est le conseil des Maîtres.
Sachez encore marquer les bonnes pages avec une fleur qui vous fasse té-
moignage dans vingt ans......................
Il faut avoir vécu longtemps déjà pour jouir de l'émotion qu'elle donne,
la fleur ensevelie, oubliée avec les résolutions prises, peut-être, et retrou-
vée palpitante de souvenirs dans ses pétales décolorés..........gardant
je ne sais quoi de sa senteur primitive, malgré sa vétusté.
Il n'y a pas longtemps je feuilletais un vieux livre, perdu dans la poussière
depuis le commencement du siècle, je trouvai quelques brins d'herbes
placés comme des signets aux pages les plus expressives ; et ces pages
ainsi marquées étaient plus expressives encore.
Douces pensées   ....Ce chapitre était marqué d'une
immortelle et d'une violette dont la tige et la feuille elle-même avaient
blanchi.
J'osai vous écrire et vous dessiner des fleurs : Vous saurez en cueillir.

Jean

Au temps où les grandes Dames avoient des volontés tyranniques, une d'elles envoya querir *L'herbe qui rit, La fleur qui parle*; et c'étoit pénible conqueste à faire. Ces merveilles croissaient là où finit le monde ....!! Beau thème n'est-ce pas que ce conte enfantin? Je veux seulement dire que Notre-Dame n'en demande pas tant de vous; mais elle bénira ce que vous lui offrirez .... Vous lui en offrirez des fleurs avec vos prières! Des fleurs choisies parmi les plus communes. Il en est qui sourient en avouant leurs défauts; d'autres pleurent des larmes saintes. Quelques unes sont demeurées payennes de nom; toutes unanimement réfléchissent la magnificence et la bonté de Dieu.

Si votre imagination trouve ici l'occasion de se fixer pieusement, si vos pensées prennent à propos un exercice utile pour se faire juger par une autorité chère; que dis-je? on n'exécute point pour soi-même une œuvre de ce genre. Si vous êtes par cet *Album* l'instrument de la grâce, attendue d'une Ame qui vous suivra dans la voie de la piété.............
Gloire soit à Marie Conçue sans péché!
Chacun de ces feuillets va devenir une tombe: le conseil de la mort est bon! *Bonum judicium tuum ô Mors!* (Eccli. xLI. 3) Mais que ne dira point le tombeau d'un ami!! Pour vous mieux persuader les chères fleurs vont mourir dans leur triomphe; et vous garderez leur souvenir comme celui d'une amitié sainte. *Ainsi Dieu permet l'entrevue de deux Ames qui se comprennent pour ne s'oublier jamais. (Châteaubriand.)*

Il y a mieux que les citations poétiques:
S. Bernard vous dit: Vous trouverez dans les bois quelque chose de plus que dans les livres............. leur éloquence dépasse celle de tous les maîtres. *Aliquid amplius invenies in Sylvis quam in libris......... docebunt te quod a magistris audire non possis.*
Charmante fleur est la rose, dit S. Basile , mais si sa vue me réjouit, elle m'afflige en me rappelant les épines que la terre est condamnée à porter à cause du péché.
Et S. Augustin: Seigneur tout me parle de vous tout m'exhorte à vous aimer. Sur la terre tout me dit que c'est par amour pour moi que vous l'avez créé.

BENEDICITE .... GERMINANTIA IN TERRA DOMINO ...Daniel III.

Giroflée.	1
Primevères.	2
Violettes.	3
Première rose.	4
Pâquerette	5
Iris	6
Aubépine	7
Boule-de-neige	8
Boule-de-feu.	9
Sauge.	10
Œillet-simple	11
Menthe.	12
Bouton-d'or	13
Bluet.	14
Ponceau.	15
Pervenche.	16
Chèvre-feuille	17
Liseron.	18
Campanule.	19
Clématite.	20
Seneçon.	21
Capillaire.	22
Strenuc.	23
Verveine.	24
Trèfle.	25
Douce-amère.	26
Fleur-des-eau	27
Lys et	28
Roses blanch	29
Lilas.	30
Lin.	31

Considerate lylia agri quomodo crescunt. (Matt. vi.)

Vous le savez comment elles croissent les fleurs des champs?

La graine s'envole sur les ailes du vent, messager de la divine providence, et elle tombe à la place qui lui convient. Souvent rebelles à la culture, *Les Sauvages* s'épanouissent indépendamment du labeur de l'homme et elles lui disent que la vraie liberté germe dans la privation et dans l'accomplissement de la volonté de Dieu. Un peu d'humidité prise durant la nuit, un rayon de soleil reçu pendant le jour; la chétive graine va dépasser la splendeur de Salomon. Merveille !............. Mais il y en a tant, de merveilles, qu'on n'en est pas ému.

Assiduitate Viluerunt, dit St Augustin.

Connaissez-vous les étrangetés du Désert ? En seriez-vous plus frappé ?

Au dessus des sables arides flotte dans l'air une végétation mystérieuse comparable à celle des champignons de nos bois. Elle croît rapidement dans une nuit après une journée qui a brûlé la terre et tombée le matin devant la caravane en détresse, elle se développe encore sous ses yeux surpris.

Ce que voyant Israël disait : *Manhu ?* qu'est-ce donc ? Un mets délicieux, la Manne. On s'en lasse vite; et le peuple de Dieu souhaita de manger de la viande .... La convoitise insensée, comme celle d'Adam justement punie, prophétisait la nourriture Eucharistique dont la Manne était la figure. O merveilleuse Germination de la Grâce ! le Dieu fait chair descend du ciel pour combler l'aspiration sainte : les âmes vierges deviennent fécondes et les pénitents sont sanctifiés. Le juste grandit comme un lis, le juste ressemble au palmier dans sa fleur, le brin d'herbe ruisselle de pierreries : c'est la rosée du Seigneur qui s'est répandue.........

O Mon Dieu, accordez-moi cet amour dont s'inonda le cœur de l'Aveugle-né quand il vit de ses yeux les témoins humbles et sublimes donnés à l'enseignement de chaque saison :

L'Amaranthe ne se flétrit pas. La Scabieuse garde son titre de Veuve. La Balsamine-Madeleine donne à la pénitence d'ineffables attraits et la Véronique pleure encore de tendre compassion...................

O Mousse résignée, fleurie sous le verglas, Perce-neige aimable sur la terre glacée, Lierre souriant au souffle de la bise, qui pauvre et proscrit, secourable toujours; — Mais vous, surtout, Fleurs tant désirées du Printemps, Fleurs de Marie, glorifiez le Créateur dans la Vierge conçue s. p.

———————

Giroflée.

Aux premiers jours de Mai les fleurs disputent votre attention.
Que l'herbe de S.t Jean ait la préférence. Elle fleurissait la dernière de l'année et vous vous étonniez de ne la point voir mourir.

« Que vous importe si je veux qu'elle attende jusqu'à la résur-
rection ?............ »

Le trois de Mai, fête de l'invention de la S.te Croix, Girollée, Crucifère,
que me dis-tu ?

Un autre Jean, dont le nom ne se sépare point de la croix l'exprima
dans une extase.

Que veux-tu pour la peine, lui demandait un crucifix au nimbe d'or ?
Seigneur, répondit le carme, en embrassant une croix de bois :

« Souffrir et être méprisé pour vous ! »

Tout est dans la croix; et la girollée est le porte croix; son doux parfum
en charme la tristesse. Elle est peu recherchée; parce qu'elle est très répandue. Et néamoins elle se multiplie activement; sans jamais être importune.
comme la vraie piété embaumant la terre et les airs, elle va jusqu'au cen-
tre des cités porter une influence bénie.

Elle fleurit sur la haute tour qui domine le quartier populeux.
Emergeant d'une athmosphère enfumée, un grand toit moussu s'élève
et sur ce toit une mansarde est ouverte.

Voyez-vous sur ce grabat la pécheresse, jeune encore, irritée de mourir.....
Ce qu'elle souffre ne se peut dire; et son regard se perd dans le ciel craig-
nant d'y découvrir son juge...................

Ce regard rencontre la girollée suspendue aux galeries du monu-
ment. C'est un pieux souvenir. Chaque fleur sourit dans l'union de
la croix. O communion des saints ! O espérance ! O saint amour !
Temps heureux de la grâce reviendrais-tu ?............. »

Un Ange cueillit un brin de l'herbe Sainte et la jeta au front de la
pauvre pécheresse. Elle pleura.

Primevère.

Primevère ce nom signifie printemps. Il convient à plusieurs espèces
je préfère celle-ci. Elle vit peu de jours mais elle a des vertus bienfaisantes et sa vue seule, fait du bien.
Heureuse fleur elle mourra sans savoir qu'elle est belle ....
C'est une constellation d'or sur un velours vert pâle. Dieu a paré la
campagne de ce naïf bouquet, si bien fait pour être cueilli. Ses tiges longues se serrent dans la main et portent sans effort une touffe dont la
senteur est presque suave. Elle réjouit les âmes simples et innocentes.
Les primevères sont d'aimables sauvages, vivant en compagnie de
leurs pareilles, mais ne quittant point leur solitude.
Les enfants de la ville vont la chercher comme une conquête joyeuse, elle
égaie les tristes murailles de leur logis en décorant la statue de la S.te
Vierge, image mutilée qui sourit à leurs jeux d'un air de douce mélan-
colie; et la fleur aimable se prête à tout. Se faisant guirlande, balle et
couronne, elle revêt d'innocence les chers petits. Eux, l'appellent d'un
nom baroque : *Coucou*.

Ce n'est point que je regrette les joies du jeune âge ; mais cette fleur me
fait toujours souvenir: que le royaume du ciel est promis à ceux qui
ressemblent aux petits enfants.

Violette.

Je devrais n'en rien dire, désespérant d'en exprimer le charme.
Cachée sous l'herbe et se révélant malgré elle, comme une vertu, la fleur
de Marie est tout aimable et jamais importune.
Sitôt qu'elles paraissent cueillez les violettes parfumées, et renfermez-
les précieusement dans un vase de crystal. Les premières écloses sont un
vrai trésor médical, les secondes venues n'ont que leur couleur.
Ainsi au printemps de la vie s'acquièrent les qualités heureuses dont
l'âme est parée à son épanouissement.
Les violettes blanches sont les plus rares et ne fleurissent qu'une fois, elles
ont la senteur la plus suave.
La comparaison vous semble-t-elle heureuse ?
Quand la saison d'été a comme usé la terre, les feuilles tombent et bientôt commence l'agonie de la nature ; mais il se fait devant la mort comme un renouveau tardif ou prématuré. Quelques violettes fleurissent ;
et l'on admire d'autant plus qu'on n'y comptait pas....................
Ainsi paraissent aux derniers jours de la vie les vertus qui rachètent
les défauts d'une longue existence.

La Belle sœur de la violette est fort lancée dans le monde et très prétenti-
euse dans son langage : elle se nomme la pensée, et n'a pas même l'air
de fausse innocence du myosotis, le perverti. Elle, Viola Tricolor, comme
disent les botanistes, se donne des robes dont l'ampleur et la richesse
étonnent autant que la variété. Où prend-t-elle ce luxe la chétive plante ?
Dans le fumier, chacun le sait ; mais on loue sa grâce dépourvue de
parfum et de vertu, belle à voir, mais vide de sentiment...............
Quel excès dans ce jugement !
La pensée et le myosotis cultivés sur les tombes ne mentent pas
quelquefois ? Les fleurs ne sont-elles pas toujours des créatures innocentes ? J'ai sacrifié une victime à l'enseignement. Je lui dois bien
une place parmi les autres violettes sur l'autel de Marie, épouse de Joseph, à qui ces douces fleurs sont encore **consacrées**.

Rose.

Je suis allé dans le cimetière recueillir l'offrande des morts, pour l'autel de Marie! Et sur une vénérable tombe, j'ai trouvé les premières roses de l'année. Le grand Bengale de Mademoiselle Rose est toujours le premier fleuri. Il fleurit toujours. C'est qu'il abrite une jeune cendre, la dépouille d'une sainte, la virginité ne vieillit pas.

Elle fut modeste, Elle fut pieuse,
.....Elle fut victime de sa charité.

O épouse de Jésus-Christ! ton cœur veille sous la terre dans cette longue nuit et quand l'hymne sacrée retentit sous la voûte antique de *Ton Église*, ton Rosier s'agite et ses longues branches caressent la muraille avec un saint amour!! On dit que dans ces belles nuits de Mai la voix même se fait entendre:

Mes roses sont le sang du Sauveur!

«INTUERE et respice Rosam passionis sanguineæ quomodo ru-
«bet in indicium ardentissimæ charitatis! Voyez et regardez la rose
«sanglante de la passion; son ardent amour la fait empourprée! Con-
«tendunt passio et charitas, illa ut plus ardeat, illa ut plus rubeat! La
«passion et l'amour se disputent le triomphe en ardeur! Voyez-vous
«Jésus-Christ-divine-rose! Voyez vous ce corps? n'est-il pas entière-
«ment feuillé de roses! Dans chacune de ses mains ne trouvez-vous
«pas la rose? Sur chacun de ses pieds vous contemplez la rose!.....
«Et son côté ouvert, d'où s'échappe le sang et l'eau: c'est la rose demi-
«blanche, mais c'est toujours la rose. (St Bernard.)

O Jésus rose aimable entre les épines! O Marie rose Mystique!
O communion!!

Pâquerette.

Marguerite, c'est son nom; on l'appelle encore Pâquerette.
Et les cœurs dépravés la tourmentent. Ils lui arrachent ses pauvres péta-
les, ne cessant de la persécuter, de la faire pâtir jusqu'à ce qu'elle ait menti!
La pauvrette souffre pour Dieu et lui obéit en figurant l'amour pur qu'
il attend des hommes.?
Son cœur est d'or, sa blancheur est solide. un incarnat léger la rehaus-
se aux premiers jours de sa floraison.
Elle est partout. On la foule aux pieds; elle se relève pour regarder en haut.
Rarement elle se flétrit. L'écrase-t-on. elle dit à ses compagnes: Ne pleurez-
pas...............
Au mois de Mai. les pâquerettes se multiplient et animent les chemins;
Elles tourbillonnent sur les pelouses; et elles disent au passant: Dieu t'a
fait pour l'aimer. L'aimes-tu?
As-tu communié à Pâques?
T'es-tu donné dans tout l'abandon d'un dévouement sans réserve, comme une bonne Marguerite? *Simile factum est regnum cœlorum homi-
ni negotiatori quærenti bonas margaritas; inventa autem
una pretiosa margarita abiit et vendidit omnia quæ habuit
et emit eam* (Mat. XIII.45) L'époux du Cantique des Cantiques l'avait bien
prophétisé: *Si Dederit homo omnem substantiam domus suæ pro
dilectione, quasi nihil despiciet eam.* (Cant. VIII. 7.)
Qu'on le dise: la piété est un trésor auprès du quel tout le reste n'est rien.

Quand il n'y a plus de fleurs, la Marguerite s'épanouit encore. Elle devient plus rare; mais sa grâce ne diminue point. Beauté simple, ferveur an-
gélique: C'est la perle du gazon..........Et l'hiver quand Notre-Seig-
neur Jésus-Christ dans son Eucharistie passe par les campagnes, se
-rendant en modeste cortége au désir des mourants; les chemins sont
boueux et ravinés, une touffe d'herbes çà et là s'efforce d'en dissimu-
ler la tristesse; et Marguerite se dresse au bord des fondrières; elle
parle elle adore le Seigneur.

Iris.

L'iris a les couleurs de l'arc-en-ciel: voilà pourquoi ce beau nom lui est donné. Son parfum est exquis son feuillage tranchant comme un glaive. Quand à sa racine elle est charnue et se mortifie difficilement. Privée de terre et d'humidité elle garde sa vitalité incomparable pendant plusieurs années. On la tranche, on la dessèche, on la réduit en poudre; et cette poudre a la senteur de la violette.

L'iris fleurit en Mai pour exprimer l'alliance du seigneur dont la Très-Sainte-Vierge est la réalisation.

Toute l'année ses lames aigües parlent de sacrifice. N'est-ce pas le dernier mot du glaive de l'éloquence?..... sois glorifiée,

O Dame-des-sept-Douleurs!

L'Arc-en-ciel dans la nue prêche les promesses de Dieu reçues par Noé le Patriarche; la fleur de Marie sur la terre prêche la prière et le sacrifice.

Que le parfum de l'iris laissé au linge et aux habits qui nous servent, rappelle donc la bonne odeur de Jésus-Christ, dont nous devons nous revêtir pour être préservés de scandales et de chutes.

Marie, Mère du Dieu de toute sainteté, la fleur des champs aurait-elle tant de grâce et tant de vertu, sans que je sois excité à tout sacrifier pour vous suivre?

Je vous suivrais jusqu'au calvaire!

Mai Aube-épine.

Nous disons mieux qu'épine-blanche. Nous appelons simple-
ment: *Le Mai*, la fleur de cet arbre qui est le roi de la saison; nous oublions
ses dures épines pour mieux jouir de son bouquet, au parfum qui enivre;
mais bien fait pour embaumer la campagne dans la splendeur du printemps.

C'est l'heure des prodigalités. La chapelle s'encombre de buissons fleuris.
Prenez-garde ! l'excès serait dangereux.

Les grands Mais aux portes des étables pour éloigner les reptiles : une branche à l'autel pour attirer les cœurs.

La grâce parfaite est dans la discrétion de l'ornement.

J'ai vu quelque part au détour d'un chemin dans une haie d'aubépine, —
taillée avec art, une belle statue de la vierge-mère. Au dessus, un dais ma-
gnifique de Néfliers étoilés complétait un ensemble qui saisissait l'âme
au passage et vous eût fait tomber à genoux.................

Ils sont frère et sœur le néflier et l'épine-blanche. Ils étalent leurs fleurs
au printemps et jamais leurs promesses ne manquent aux petits oiseaux
qui ne peuvent changer de climat.

Un saint fondateur d'ordre donna un jour cette leçon aux religieux de son
Monastère, inquiets de savoir comment leur serait donnée la subsistance :
Il planta son bâton d'épine au milieu du cloître et le bâton devint un grand
arbre. Il se couvrit de fleurs qui devinrent promptement des baies mûres :
c'était le temps. La neige couvrait la terre; et les moineaux d'alentour vin-
rent picorer joyeusement.

Et souriant dans sa barbe argentée le moine répétait : *" Nonne vos
magis ! Nonne vos magis pluris estis illis............."*

Quand l'orage gronde, c'est sous le Mai qu'il faudrait chercher un
abri; on me l'assure.

Que la Sᵗᵉ Vierge nous protège contre la mort subite : C'est sa dévotion
qui est une garantie; et l'Aubépine l'enseigne sans prétendre plus.

Boule de neige.

oule de neige ?

Cette fleur veut ressembler à la neige.

La neige est le symbole de la bonne réputation : Quand elle est salie, elle ne se peut laver, selon l'adage ancien.

Et toi, prétendue fleur de neige sous la robe blanche composée de mille fleurs, que possèdes-tu ? Que recèles-tu ?

Rien, qu'une araignée, souvent, à la place du cœur.

Vain éclat point de fruit. Ainsi la beauté humaine tant vantée tant prisée ne fait souvent enseigne que de vanité................

Cela ressemble trop à une boutade bonne à contredire..................?

Oui, j'en conviens, elle est belle, la fleur de neige, rien que belle.

...............C'est le groupe des jeunes communiantes pressées autour de l'autel. Robes blanches, âmes innocentes. Presque toujours.

Priez donc pour les chères enfants. Dieu seul connaît les cœurs ; et sous ces voiles immaculés l'angoisse et l'ulcère peuvent demeurer parfois.

Mais parfois un triste souvenir a sanctifié toute une vie d'heureuse pénitence.

Qui dira l'élan généreux que donne un profond regret ! Marie refuge des pécheurs reçoit les confidences d'une âme désolée, et pour un beau jour perdu, fait retrouver une éternité de bonheur !

Boule de feu.

e globe enflammé est-il la charité de Dieu qui parut au dessus de la tête de S.t Martin pendant qu'il célébrait la Messe.
Est-il la ferveur de l'âme !
Est-il la flamme expiatrice qui rend aux justes l'éclat terni au contact d'une vie tumultueuse !
O Marie ! vous savez ma ferveur, soyez dès maintenant mon appui !

Cantique: L'époux Divin Jésus parle à votre âme, l'époux lui parle : viens ô ma toute belle. l'hiver est fini, les fleurs paraissent dans nos campagnes. La tourterelle se fait entendre et la vigne est fleurie. Que vous êtes belle ! vos cheveux sont comme la pourpre du roi !...... Un de vos cheveux a blessé mon cœur !
L'Ame. *Veniat Dilectus meus in Hortum suum.* Que mon bien aimé vienne dans son jardin !
Les Compagnes de l'Ame épouse de Jésus-Christ : Quel est votre Bien-Aimé pardessus toutes choses, ô la plus belle !
L'Ame : Mon Bien-Aimé éclate par sa blancheur et par sa rougeur. Il est choisi entre mille.
Les Compagnes : Où est-il allé, votre Bien-Aimé ? O la plus belle ! où s'est-il retiré ! et nous l'irons chercher avec vous.
L'Ame : Mon Bien-Aimé est descendu dans son jardin dans le parterre des plantes aromatiques, pour se nourrir et cueillir des lis. Je suis à mon Bien-Aimé et mon Bien-Aimé est à moi, lui qui se nourrit parmi les lis.............

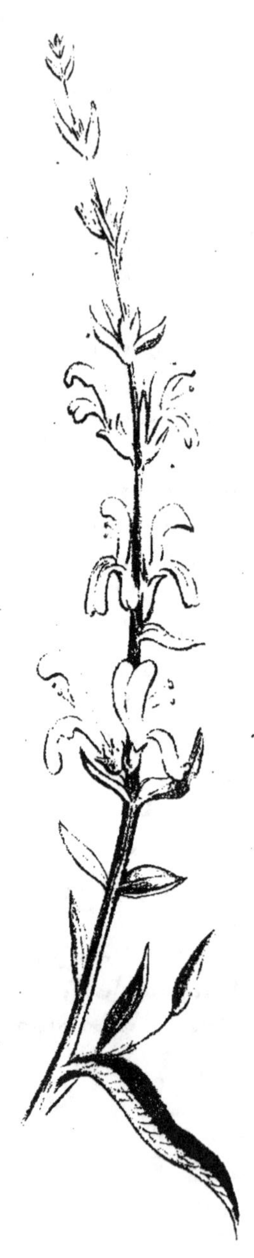

Sauge.

Il y a des âmes ainsi douées : Une vertu austère un parfum de sainteté âpre et dominant.

Au milieu de la corruption générale, ces Vaillantes se conservent, et souvent préservent de ruine les faibles et les mal constitués.

Sans parler des qualités médicinales de la sauge, remarquez l'opulence de ses feuilles aux premiers jours du Printemps. Ses villosités sont un ensemble de merveilles, invisibles à l'œil nu.

En la touchant votre main sent une moiteur gluante : c'est que la plus légère pression détruit tout un monde sur cette feuille, hérissée de montagnes, sillonnée de vallées.

Des êtres innombrables parcourent en tous sens ces solitudes. Il faut à l'homme le secours de verres puissants pour distinguer ces fontaines et les jets de nectar où s'abreuvent des monstres microscopiques.

Qui dira le pourquoi de ces mystères ?

Ne pouvant pénétrer les secrets de la suprême Sagesse, je me réjouis de voir l'infinie Bonté qui se montre attentive aux plus chétifs des êtres, jetant à l'homme roi de la création, comme un défi d'amour, et recueillant jusque sur l'herbe du sentier l'effusion de sa reconnaissance.

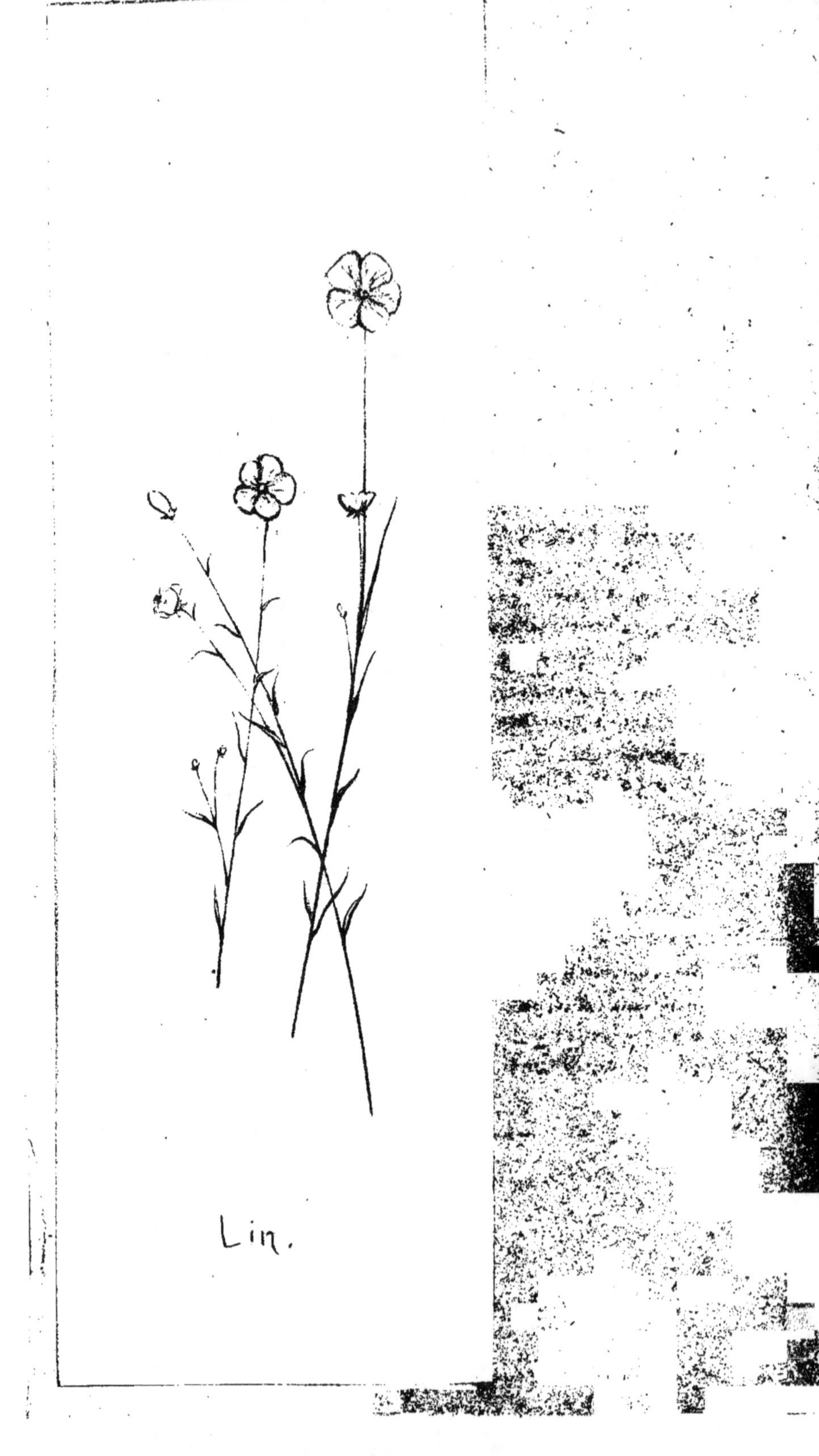

Lin.

Les haies ont des yeux. Je ne parle point de ceux qui sont indiscrets, ridicules plutôt que redoutables. Je ne crains que l'œil de Dieu.

Non seulement dans les haies, mais sous les bois, sur le bord du ruisseau, à l'ombre, au soleil, partout, dans le mois de Mai je trouve l'œillet qui s'écarquille. Presque grand aux premiers jours il se rétrécit à mesure que le soleil s'élève et devient brûlant.

Lui aussi s'élève sur sa tige nerveuse au dessus des hautes herbes : il veut voir dans sa curiosité honnête et il invite à regarder avec lui.

Que dit ce gardien de la solitude ?

Il commande le respect de la présence de Dieu. Il enseigne l'espérance. Il dit la gloire céleste reflétée par les bienheureux dans l'infini du paradis. La robe de Notre-Dame !

Oh ! que dis-tu encore œillet simple ?   L'œil du juste. Tu me fais un continuel défi : Voir le ciel où St Paul fut ravi, et que les yeux mortels n'ont point contemplé. *Oculus non vidit*.......... Eussé-je le regard pénétrant des sages, je ne verrais point ce que le ciel nous garde.

Œillet blanc dis maintenant ma reconnaissance.

Je bénis avec toi la suradorable bonté du créateur.

Il fait couler l'eau limpide sur le flanc du coteau, et jette sous les bois sombres ses torrents de lumière : comme il ravive la foi des chrétiens par la communication perpétuelle de sa grâce et éclaire les ténèbres de ceux qui sont assis dans l'ombre de la mort.

Œil de Marie. Mère de tendresse et de miséricorde, veillez sur nous.

Menthe.

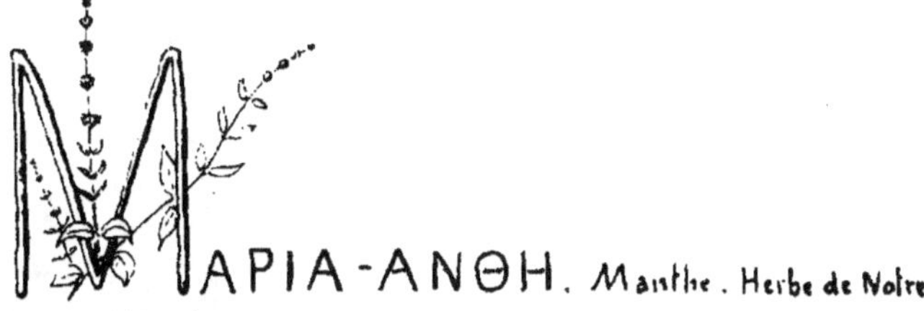

ΜΑΡΙΑ-ΑΝΘΗ. Manthe. Herbe de Notre-Dame. Fleur de Marie.

Un parfum, une saveur aussi suaves que pénétrants. Une vertu qui purifie : c'est l'influence de la Mère de Grâce.

Il est plusieurs variétés de Manthe : Celle que je préfère croit dans les terrains arides et sans eau : Sur le bord des chemins.

Et je me dis en la voyant : les âmes dépourvues et délaissées n'ont-elles pas le privilége de la suprême espérance ! La vraie piété ne va-t-elle pas germer et croitre par préférence sur ce sable de longtemps aride, sur ce rocher aussi ardent que stérile, capable pourtant de produire des fleurs.

Marie Mère de la grâce ce sont là les victoires ! !

13 de Mai. Elle s'était assise (Manthe) triste et désolée, son cœur lui reprochait tant ! Elle regardait le sable de son jardin et sa fille, grandelette, qui cueillait des roses.......... « Allons Mademoiselle ! assez ! assez ! Et, prenez garde...........! »

Et il manquait à son âme pour jouir de son bonheur la paix et le calme que la piété seule peut donner. Elle n'était pas pieuse............

On voit des Maris assez mauvais chrétiens tolérer la dévotion. Le sien faisait bien plus il lui reprochait son indifférence. Il ne raisonnait point ; il était charmant.

Il entra ce soir-là au moment ou l'enfant achevait une chapelle de sa façon Un petit talus planté de fleurs et entouré de gazon : une pierre au milieu, droite, posée sur une ardoise figurait la statue de la Sainte Vierge ; la croix, du reste, n'était pas oubliée.

L'ouvrière suait, rayonnait, se possédait.

Monsieur et Madame. dit-elle gravement, c'est comme chez Ma Tante Laure : le mois de Marie va commencer. Mettez-vous à genoux....... Le père et la mère obéirent à leur fille qui chantait déjà le *Regina Cœli* avec un entrain franc et vif impossible à dire.

Les Anges gardiens souriaient et un rayon du ciel descendait tout exprès pour éclairer ce petit tableau.

———————

Bouton d'or.

Bouton d'or, ainsi nommez-vous la Renoncule.

Zèle et ardeur, dit l'auteur *du Chemin de l'amour Divin*. C'est ce que signifie cette fleur, si commune et si gracieuse.

Elle est tout or. L'or c'est la charité.

Pourtant si le Bouton d'or est bien aimable il est indiscret. Il prétend se faire
accepter partout et il est tenace dans ses empiétements.

Il ne sait pas choisir l'heure du prochain et il s'épanouit à contre-temps.

Qui le corrigera?

Bouton d'or a une cousine qui lui ressemble et dont la réputation est perdue. On la nomme: *Renoncule scélérate!*

Bouton d'or! délie-toi de ton cœur et ne gaspille pas les trésors de Dieu!

Les boutons d'or sont à leur place dans la prairie. Quand elle ondule
sous un vent léger et qu'un beau nuage passe en projetant son ombre
sur le brillant tapis; c'est le triomphe des boutons d'or. Marie s'est rap-
prochée de la terre, elle vient apparaître aux âmes contemplatives et les
fleurs se croient des étoiles en tressaillant sous ses pas.

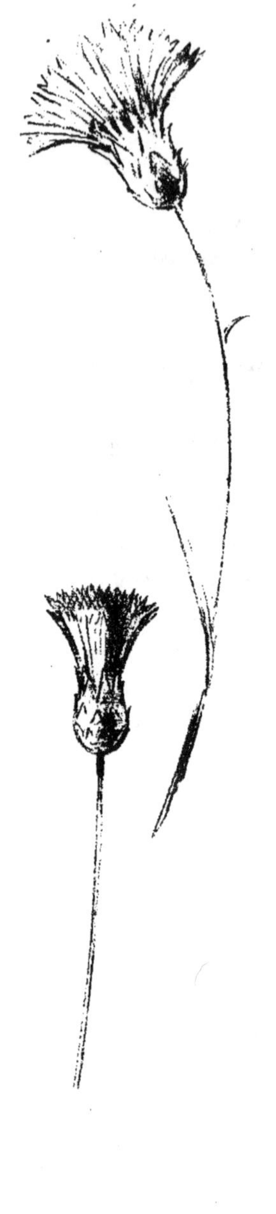

Bluet.

Les fleurs bleues sont les moins répandues dans la nature.

Le bluet est le privilégié, sa nuance n'a point d'égale. Son élégante structure complète sa beauté; et toute la splendeur d'une moisson a besoin de sa présence.

On le recherche pour composer ces arabesques des reposoirs du Saint Sacrement, où s'exprime la piété naïve.

Il y a dans les blés plusieurs fleurs bien connues après le bluet, tels que le coquelicot, le miroir de Vénus, la Coronille etc. Groupe joyeux qui grandit avec l'épi Eucharistique et tombe sous la faucille avec lui, hélas! sans avoir rien pris de son excellence.

Le coquelicot est orgueilleux, le miroir de Vénus est impudique et la Coronille n'est que belle dans sa parure.

Ce sont ces infortunés qui dépassent la magnificence de Salomon, et ne sont pourtant bons qu'à être liés en bottes avec l'ivraie pour être jetés dans le four.

O fleurs aimées du monde! à quoi vous aura servi d'être vêtues si richement, si vous devez brûler au feu éternel de l'enfer?

Vous qui fréquentez les fêtes de Bélial et les festins de Jésus-Christ, vous qui décorez l'autel de Marie des mêmes fleurs que la rampe du plaisir, ne ressemblez-vous point aux joyeux compagnons du champ de blé!

Etes-vous le bluet charmant, mais sans parfum, sans vertu?

Etes-vous le coquelicot éclatant, nauséabond, vorace! La Coronille dénuée de tout, excepté de fraîcheur qui bientôt sera perdue.......

Pour être l'enfant de Marie, il ne suffit pas d'être aimable et jeune.

Il faut savoir vieillir, il faut savoir aimer, il faut mieux que la compagnie des saints..................... Il faut la communion de Jésus-Christ dans la communion des saints.

Coquelicot.

C'est encore lui. Il aime mieux la médisance que l'oubli.

En dire du bien c'est impossible.

Rose de vipère, disent les Bretons, qui la touche se tache.

La fleur du Coquelicot a l'odeur désagréable. Mauvaise langue,
Robe insolente. Elle séduit pourtant ! sa couleur efface toutes ses ri-
vales; et elle les écrase sans pitié.

On apprécie le coquelicot ou ponceau, il en faut convenir, on peut tirer
bon parti de ses mauvaises qualités : c'est un empoisonneur comme le pavot
dont provient l'opium. ces plantes ont la vertu des contraires et sont utiles
dans la médecine.

D'ailleurs si le Coquelicot désole le cultivateur par sa végétation ruineu-
se, il égaie les champs avec sa toilette tapageuse,
incomparablement chiffonnée ....

Va, fleur innocente, ce n'est pas ton luxe que je maudis ! Si tu es dédaignée
par les délicats qui n'admettent que les fleurs blanches à l'autel de Marie,
le jour de la fête du Saint sacrement verra ton triomphe.

On te foulera aux pieds et ta dévotion rachètera ton orgueil.

O Mère de Miséricorde ! vous connaissez l'heure de Dieu : appelez-
nous quand nos coeurs seront préparés par l'humilité; de peur que les
suggestions mondaines ne s'imposent à nous, et ne nous détournent de
la voie qui conduit au ciel.

Pervenche.

Herbe de Saint François.

Une Discrète personne conseillant bien ses filles aux grands yeux bleus : c'est ainsi qu'on désigne la famille. Elle est timide autant qu'unie et courageuse........... Les Pervenches incapables de s'élever acceptent avec résignation la position qui leur est faite. Il leur faut peu pour vivre; et elles ont à peu de frais une élégance simple, qu'on admire.

Elles ont un défaut ou un excès de qualité, Elles sont bonnes à manger, comme les capucines et les Bourraches, plus modestes encore.

Du moins savent-elles se fixer en lieu sûr, abritées derrière les grosses pierres, elles s'attachent au sol de tout leur pouvoir et peuvent ainsi supporter les frimas, les vents et les orages.

C'est ainsi qu'il y a sur la terre des âmes calmes et résignées qui ont pour mission de rappeler dans leur vie celle de la Mère de Dieu, dont elles reflètent les grâces virginales.

Elles restent jeunes malgré les années, l'innocence ne peut vieillir; mais leurs bonnes œuvres, leurs bons exemples se multiplient et si les actes éclatants leur ont manqué leur stabilité héroïque mérite la vénération des hommes et la glorification qui nous est promise en Dieu.

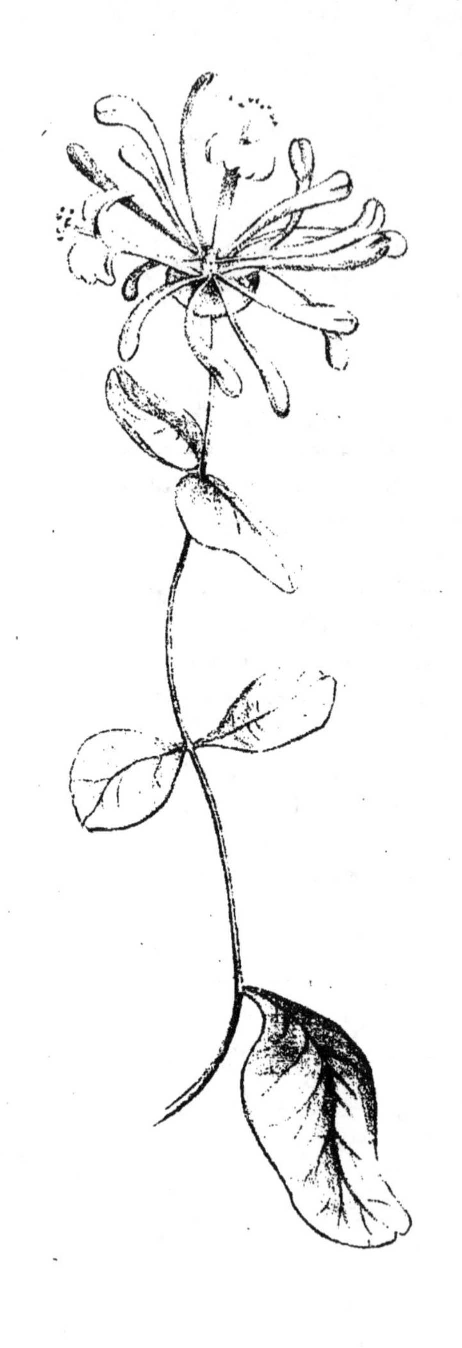

Chèvre-feuille.

Dieu vous garde de son voisinage, Arbres jeunes, et tendres arbrisseaux ! Son étreinte est mortelle.

Il caressait naguère le grand érable que vous voyez desséché.

De ses filaments nerveux le perfide l'enserre encore et porte sa tête insolente sur les plus hauts rameaux de sa triste victime. Il lui fallait ce point élevé pour dominer la feuillée et paraître dans tout son éclat !

De là il répand sa senteur lascive enivrante et il écoute les propos qui flattent sa vanité :

La fleur charmante on voudrait l'atteindre, la posséder..............

Et la coquette rit et se balance. Autour d'elle les mouches bourdonnent et les papillons lui font la cour................

Cependant une main coupe près de la terre une tige chétive. C'est le pied du Chèvre-feuille. Dans quelques heures il périra honteusement et sa victime reprendra la vie. L'Érable a perdu sa beauté, mais non point l'espérance.

O Marie ! O belle jardinière ! Il vous est facile de trancher la pernicieuse tige de molesse qui enlace et détruit : les érables, les charmes, les chênes eux-mêmes avec les saules et les coudriers gentils !

Telle est leur faiblesse qu'ils vous laissent passer sans vous invoquer ! Trésor de Vertus ! Arrêtez-vous et cherchez dans la foule l'âme qui souffre le plus, celle qui s'oublie ; et déliez les fils pernicieux dont sa jeunesse a éprouvé l'atteinte !

Auxilium christianorum, Ora pro nobis.

Liseron.

Je sais bien que Liseron est aimable, elle a même un petit nom d'enfant gâtée : Chemisette de la Bonne Vierge !

De fait, elle a revêtu certains airs de dévotion pour être plus charmante ;
mais a-t-elle une réelle qualité ? Non. Importune, opiniâtre, ne quittant
jamais un terrain, si ce n'est quand on y bâtit ; il faut choisir entre elle et les
maçons, force est de lui donner la préférence. Alors, elle se dit très atta-
chée. Elle étrangle ses voisines sous prétexte de charité.

Elle va difficilement à l'église, mais elle s'y fait représenter par des fausses
fleurs d'une étonnante ressemblance.

Liseron mange toujours. Liseron court toujours. Liseron voudrait
occuper toute la terre, et cela pour tout ruiner.

Liseron bien entendu jouit d'une santé parfaite, s'endort avant la
nuit, remarquez-le, et ne s'éveille que fort tard............ Elle cueille les
autres fleurs enfin, et s'épanouit quand elle les voit souffrir.

Ainsi s'emploient les journées de Liseron la Gentille (Le démon.)

D'autant plus dangereuse qu'elle ne se fait point toujours haïssable.

Il faudrait............ Il ne faut point la regarder, Il n'en faudrait
point parler, et j'aurais dû me taire.

Carillon...

Campanules.

La campanule est une fleur digne des plus beaux jardins; et elle ne refuse pas la place qui lui est offerte. Ni plus ni moins belle que sans culture, la clochette comme on l'appelle, se dresse gracieuse au bord du chemin, sous les bois, sur la berge de la rivière..........
sur un roc, sur l'arc-boutant de la vieille église. Le vent l'agite........
vous diriez qu'elle va sonner !

Campanule de Marie, tu m'invites à la prière et tu dis à bon droit qu'il ne faut point se lasser.

Vous ne cessez jamais, harmonies de la terre !

Gloire à Dieu ! Gloire à Marie sa Mère !

Du soir jusqu'à l'aurore, depuis l'aurore jusqu'au soir !..........
Quand je vois les clochettes blanches ou bleues, les grandes pyramidales, vrais géants de l'espèce, ou les grêles élancées avec les insectes bourdonnants qui les frappent de leurs ailes d'airain, d'électre et d'or ; je rêve d'un carillon joyeux. Les beffrois de la ville n'ont guère plus d'expression, mon cœur s'émeut en les contemplant comme au retentissement de l'airain bénit, l'air a des tressaillements qui me suffisent.

Fêtez ma reine ô douces fleurs ! et conviez les âmes chastes à nos grandes joies ! Mais que seront les harmonies du ciel !..............

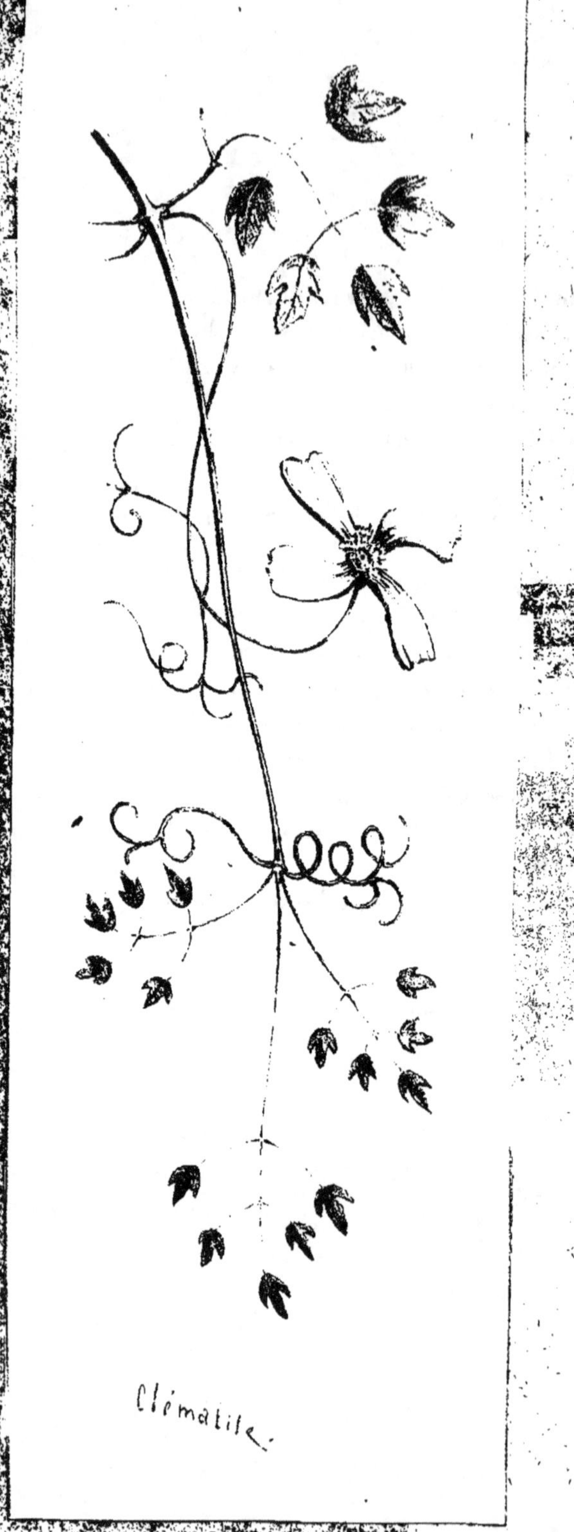

Clématite.

L'herbe aux gueux. On la nomme ainsi parce que les mendiants s'en servaient pour entretenir des plaies dont ils faisaient titre de recommendation. Ces misérables faisaient un dur métier.

Moi, je n'ai pas besoin de me créer des plaies pour exciter la compassion du Bon-Dieu et de la S.te Vierge. Je n'ai qu'à montrer ma lèpre, pécheur que je suis..................

En me disant ces choses, je m'étais endormi.

Le Dieu de toute bonté par l'intercession de sa divine mère, sans doute, récompensa mon acte d'humilité par une vision digne de Jacob.

Il se plaît à montrer ses merveilles aux infimes comme aux plus grands d'entre les hommes.

Au dessous du Coteau où je m'étais assis un abime se creusa, et le rocher commença d'y descendre : il coulait sans bruit sur l'argile détrempée et je me souvenais de faits analogues racontés par les savants.

Je ne sais comment nulle préoccupation ne me vint alors de la situation dangereuse où je me trouvais. Je me disais même qu'il est utile et charmant de s'exposer ainsi. J'observais curieusement..................

Tout à coup une indicible terreur me prit aux entrailles. Je me sentais précipité en avant, et le rocher bondissant et roulant, broyait tout sur son passage.

Pourquoi essaierai-je une peinture ! Ce que j'éprouvais vous le savez.

J'étendais les bras pour saisir des branches, elles avaient des épines hérissées, démésurément longues, mes mains s'y attachaient avec désespoir les pointes se brisaient dans ma chair et la douleur affolant mes sens je lâchais prise : « Sainte Vierge du Secours ! .... »

En m'éveillant je vis cet agréable tableau :

Des clématites mélangées de vignes vierges ; et je leur dis comme si elles eussent du m'entendre : Aimables tiges que ne vous ai-je saisies dans ma détresse ! Vous me représentez bien le doux filet de l'église et Marie la branche du Salut ! Votre flexibilité, votre union figurent bien le secours dont la bonté divine dota notre faiblesse et prémunit nos défaillances.

Senefon.

La bonne petite vieille, Seneçon, qui ne l'aimerait !

Vieille avant l'âge ou plutôt mûre de bonne heure: *Senescit*, elle vieillit sa jeunesse ne compte pas.

Aux premiers jours de l'année elle était déjà dans sa fleur modeste; et promptement elle a blanchi.

Que dit-elle ! à quoi sert-elle ?

Elle nourrit les passereaux qui comptent sur la divine providence pour vivre.

Elle se contente d'être très peu de chose. Elle vit de peu et tient peu à la terre.

Seneçon fait la leçon douce et acceptable; elle a grâce pour bien parler: personne ne lui porte envie; Elle, n'est jalouse de personne. Il suffit de la considérer, pourtant, si l'on veut la trouver belle; mais il lui importe peu.

Avoir vécu sage et bienfaisant n'est-ce pas avoir accompli la volonté du Seigneur ?

Que sert de briller que sert de beaucoup agir ?

Quid Prodest ?

Profitez de la leçon du temps, s'il se peut, faites-en profiter les autres et vivez en la grâce de Dieu.

capillaire.

Voici la Dame aux longs cheveux.

Souvenir d'une mère morte jeune. Il y a longtemps.

Plante aussi gracieuse que modeste, le Capillaire croît sans culture, à l'ombre, exposé aux vents du nord, et ses vertus bienfaisantes, comme toutes les vertus,

Croissent au souffle de l'adversité. (Montalembert.)

Souvenez-vous de la femme forte de l'écriture: Son repos c'est le bonheur des siens. Rien pour elle au delà du devoir accompli. Point de joies frivoles: l'isolement et le silence, la méditation, la prière et la prévoyance de l'avenir, non pour elle; car: *Elle a vécu peu de jours, en remplissant une grande tâche.............*

Les payens, faisant peu de cas de la vertu, nommaient l'herbe gentille: *Chevelure de Vénus.* C'est ainsi que le monde peu soucieux des intérêts de la famille chrétienne, tend à dépouiller la femme de son prestige incomparable.

Elle était esclave. Jésus-Christ l'a fait reine.

Le Monde de Satan lui dit: Je t'adore ....et puis il pose sur son front une couronne de faux cheveux.

Dieu l'avait fait belle. Il la fait ridicule.

Ce n'est pas assez; il la veut misérable. De son pied fangeux il l'écrase pour finir.

O Jésus Miséricorde! Vous qui eûtes pour agréable d'avoir les pieds essuyés par la chevelure de Madeleine, fixez dans le cœur des faibles créatures un sentiment si profond de sainte espérance que le vain mépris des hommes n'empêche pas le retour à votre bercail!

Esternue.

S trenue, Etrenue mauvaise herbe est tôt venue .... Va, maudite,
c'est bien le mal que tu représentes. Tu t'étends, tu envahis la terre entière comme
le vice envahit les âmes.

LA STRENUE :

Je dois pourtant vous servir de modèle. Dieu m'a fait pour vous dire que
l'ardeur de l'esprit du mal est telle qu'aucun moyen de réussir ne lui échappe. Moi, plante innocente, je multiplie mes rejetons et je les affermis par des
racines vigoureuses. Ils s'isolent mais un principe nous unit.
Et, si nous marchons, serrés, à la conquête du terrain où de longtemps les ronces
originelles ont perdu racine, c'est pour te rappeler aux réalités de la condition,
ô homme !
Le vaillant laboureur nous combat comme un ennemi digne de lui et quand
son valet de charrue blasphème, il dit sagement :

  Tranudza fai soun trabal fasens lou nostré .... !

Et c'est l'herbe dont on ceignait le front des héros de Rome Antique, alors
qu'une couronne de gazon récompensait suffisamment la valeur qui emporte
d'assaut les villes, après avoir en plaine gagné les batailles.
Esternue, Strenua, Vaillante, je t'ai comprise et je t'ai rendu l'honneur qui
t'appartient en te faisant le lien d'un bouquet mystique.

O Vaillante reine de l'Eglise militante, bénissez mon offrande !
Que l'herbe touffue sous nos pas, crie bien haut que nos moindres dé-
marches doivent aboutir à faire triompher votre culte partout où vivent
les hommes !

Verveine.

Verveine des Druides! herbe aux vertus impérissables, me représen-
tes-tu la Vierge Mystique dont le culte existait dans la nuit des temps?
Qui donc ose parler de dévotions nouvelles?
N'est-ce pas seulement la forme qui varie pour charmer tous les âges?
Veré Benigna! Veré Veneranda!
Beauté toujours ancienne et toujours nouvelle! Veine du Printemps,
O Notre-Dame! Dame Des Victoires! Etoile des Mers Lys des Vallées
Bergère enfin; Et sagesse Divine, Sagesse de la première aurore qui fut
avant ce monde *Ante quam Terra Fieret*............
O vous dont le culte ne cessa jamais sur la terre et dont la gloire s'accroît
de l'hommage des générations. faites qu'elles soient dans l'avenir nombreu-
ses et croyantes! Par votre intercession que la vertu dont la beauté s'est
révélée aux âges du paganisme ait son épanouissement dans la piété
Chrétienne, c'est-à-dire dans le plus pur Catholicisme jusqu'à la fin
des temps!

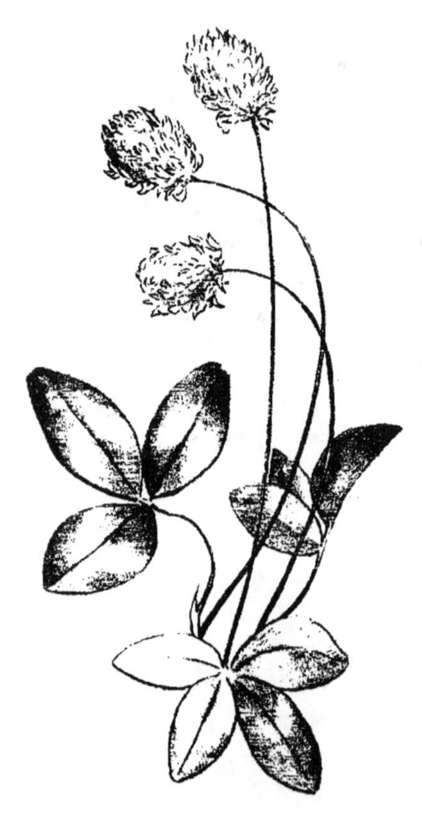

Trèfle.

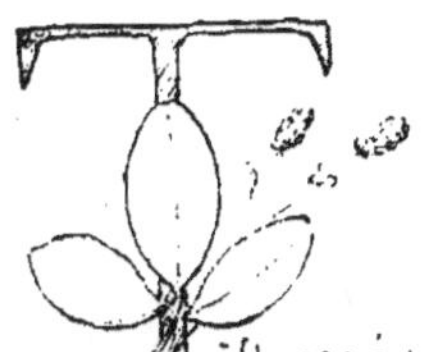

Trèfle sacré, ton souvenir est cher à l'antique Irlande, l'Île des Saints.
Tu fus l'exemple dont St Patrice se servit pour expliquer le mystère de la Très-
Sainte Trinité..........

Et St Patrice était le Cousin du Grand Saint Martin, animé du même esprit
et prenant aussi ses témoignages dans la nature.

Les trois feuilles du Trèfle, égales de forme et de couleur, c'est la figure de Dieu.
Trinus et Unus Deus.

Il est une variété que l'on nomme *Incarnat.*

Une autre porte des gouttes de Sang sur ses feuilles et laisse tomber sa fleur
pour ceindre une couronne d'épines. Il ne pouvait s'appeler autrement que
Trèfle de la passion   !

Ne faut-il pas noter ici le mystère sur mystère que cherchent les enfants : le
Trèfle à quatre feuilles ?

Il porte bonheur.

Il figure, par grâce, la personne de la Très-Sainte Vierge unie à la Très-S^{te}
Trinité. Heureux qui trouve cette Merveille ....?

Heureuse en effet l'âme simple et candide qui se complaît aux pensées sublimes, nées d'un accident de la nature ; et sait lire sur une feuille tout un
Poëme du Bon Dieu !

Douce-amère.

Douce-amère.

Ce qui est amer à la bouche est doux au cœur.

Les mortifications du corps fortifient l'âme.

Ce sont des aphorismes de médecine corporelle et spirituelle.

L'Acreté amère de cette plante ligneuse n'est-elle pas tout semblable à la mortification de l'esprit qui amène des suavités inexprimables ?

O amertume bénie dans la passion de Jésus-Christ !

O amertume sanctifiée dans le cœur navré de Marie !

Viens s'il plaît à Dieu abreuver mon cœur ! Lavez-moi, seigneur, avec l'hyssope *Asperges me, Domine, hyssopo et mundabor.* (Ps.)

Le Bien-être est relatif et se produit surtout par le contraste. Ce sont les leçons d'une mère..............

Femme vertueuse et forte elle a bien élevé ses enfants. Ils sont loin d'elle ; mais sa volonté les suit.

O sève de sainteté ! Non, tu n'es pas tarie ! ton progrès sera incessant jusqu'à la mort; et si tu ne quittes la terre que pour aller au ciel ta gracieuse influence sous le souffle de l'esprit de Dieu en descendra encore.

Où vont les immenses ramifications de la douce-amère ! D'où vient à travers le fourré ce bouquet de fleurs violet tranché d'or, accompagné de fruits déjà couleur de pourpre ? Le pied est loin et les tiges flexibles ont dans leur voyage jeté déjà des racines nouvelles.

Famille austère et vaillante, il t'appartient de conquérir le monde !

Que ta graine généreuse soit portée dans tout l'Univers, le Tout-Puissant la bénira; si elle ne se multiplie que pour faire éclater sa gloire qui est le triomphe de l'homme sur la volupté par l'amour de la croix.

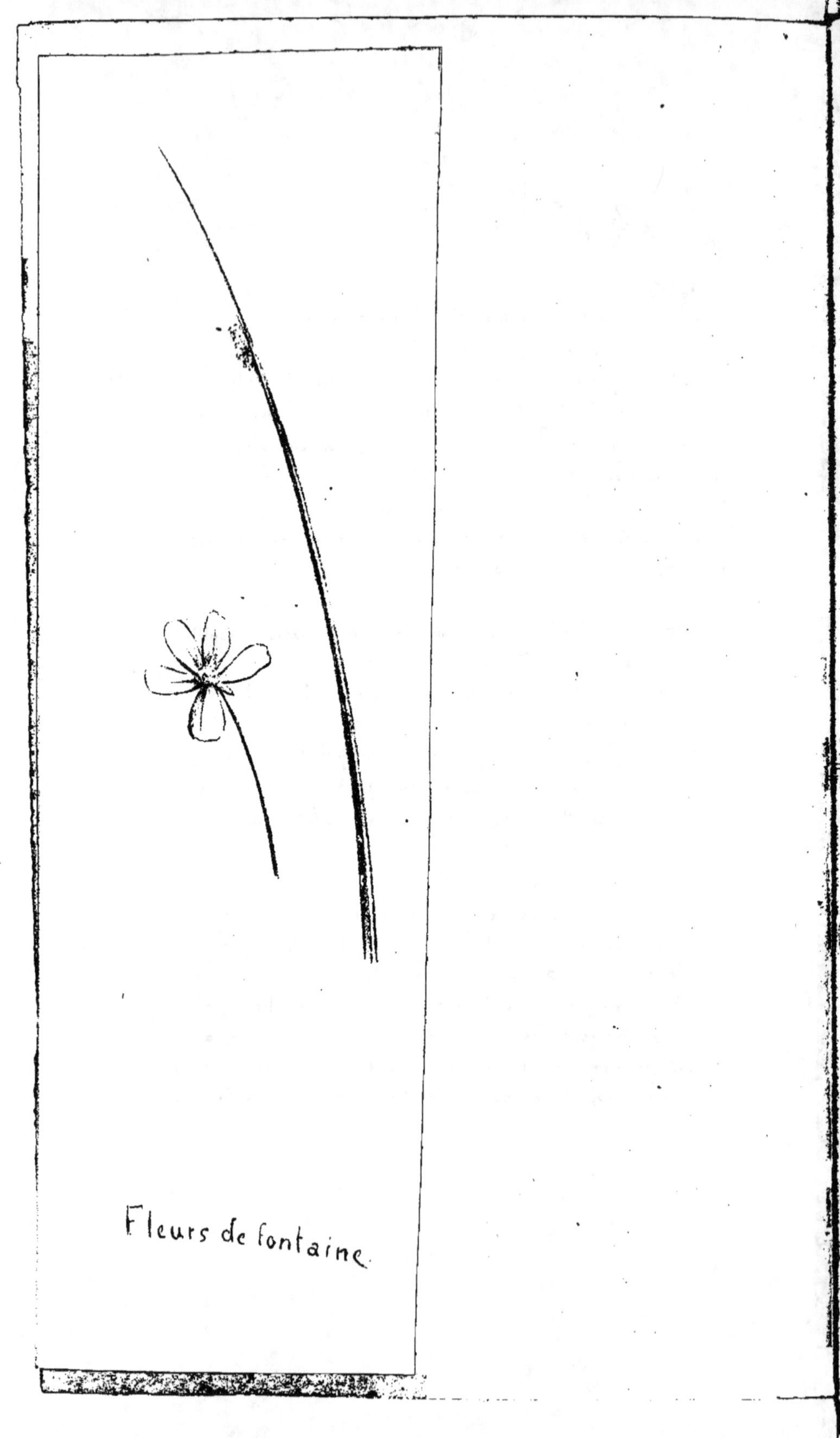

Fleurs de fontaine

Voyez-vous d'ici cette blancheur nacrée sur les eaux bourbeuses d'un marécage ? c'est l'union des âmes pures qui se groupent dans la prière.

L'œil de Dieu s'arrête là, il se complaît dans cette innocence. Mais fortes dans leur union qu'elles seraient faibles, séparées sur la terre, et que leur beauté aurait moins d'éclat sans la nuance obscure du voisinage !

Les nouveaux Chrétiens après leur Baptême gardaient l'*Aube*, insigne de la blancheur de leur âme : ce vêtement les distinguait et les forçait à la perfection de la vie. Puis, la corruption elle-même les circonvenant de tous côtés, ils fleurissaient en vertus, dans un groupe sévèrement lié.

Telle est l'union de quelques âmes au milieu d'un monde fangeux.

La crainte des souillures resserre le troupeau privilégié. La piété envers la Mère de Dieu donne champ à leur ardeur, l'aspiration s'élève ou s'étend discrètement. Mais il y a plus encore :

Du fond du bourbier s'élancent vers le ciel radieux les joncs, qui servent à lier : ne les dédaignons pas.

Modeste brin de jonc, ton effort sublime aura sa récompense toi aussi tu décoreras l'autel de Marie et tu n'en seras pas la moindre parure.

Deux aiguilles croisées traversent le jonc. Vous les tirez du pied vers la cime, une moëlle d'une blancheur sans égale s'en extrait : tressez en des guirlandes....................

Les roses s'étonnent de se voir surpassées en grâce, en pureté, par ce cœur vaillant, né dans la boue.

Et d'où lui vient à la fin de Mai ce parfum si doux ?

L'odeur âcre du jonc se change ainsi, quand il a dépouillé son écorce et absorbé la fumée de l'encens.

Sic ardet cor meum in Conspectu Domini.

+ Lys. et Rose blanche

Seigneur, vos saints fleuriront comme le lys; et devant vous il émane d'eux comme une odeur balsamique.

Elle est précieuse devant le seigneur la mort des justes..................

Qui dira les angoisses de la mort ? Ceux qui les ont endurées n'ont pu les décrire; mais la supposition seule, en est terrible.

Et la décomposition suit la mort. Le lys se dessèche sur sa tige, la rose blanche s'effeuille..................

Le lys aurait dû seulement croître au milieu des épines; la rose nous lirer seulement ses charmes et ses pointes douloureuses? Vous deviez seulement ô blanches fleurs! décorer un cercueil ou l'autel de Marie.

Et la pourriture vous a saisies......... Et de même est saisie l'âme qui fut belle, l'âme ornée des ineffables dons de la grâce.

O âme, juste autrefois, que n'as tu été cueillie dans ta fleur; alors que ton calice débordait de rosée et de lumière!

Heureux le juste qui a vécu peu de jours, et les a bien remplis!

Que la mort est belle sous une couronne de roses et de lys! Mais qui oserait souhaiter de mourir jeune, n'ayant ni travaillé, ni souffert? Mieux vaut une vie longue et pénitente qu'une vie courte et sans labeur.

Quel âge est innocent, d'ailleurs; O Mon Dieu! O Ma Mère!

Delicta juventutis meæ et ignorantias meas ne memineris, Domine. Qu'ils me soient pardonnés ces péchés de mon enfance; et que par votre intercession, Mère de Miséricorde, j'aie la grâce de les bien pleurer. Les lys et les roses sont pour moi le memento de la contrition.

Lilas

Arbuste élégant, fleur délicieuse, au parfum suave, aux couleurs changeantes et variées, comme la robe de Joseph.

Feuillage en forme de cœur; Ombrage bienfaisant. Ardents et pieux désirs .... Quand le lilas a jeté ses parfums aux souffles printaniers, quand sa fleur a passé, son feuillage demeure, et l'orage, à ce que l'on dit, ne le frappe jamais.

Asyle assuré. C'est le patronnage de Marie et de Joseph.

Lilas pourpre et lilas blanc; un divin assemblage de vertus dans l'unité d'une grappe odorante.

Où trouver une garantie pour ma foi, mon espérance, ma vie et ma mort? En vous Marie! en vous Joseph! J'unis mon cœur au vôtre pour aller à Jésus!

Divin cœur de Marie soyez mon refuge. (Ind. 300 j.)

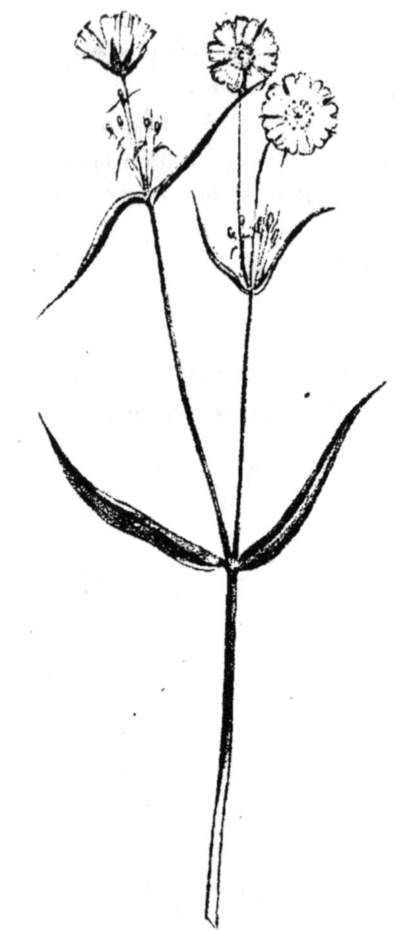

Œillet simple.

Voici le lin. Je m'arrête, il faudrait écrire un livre : parler de la
femme forte, des fuseaux de Marie, des langes de Bethléem et des linceuls
de Golgotha.........
O bandelettes saintes, ô sacrifices de l'ancienne et de la nouvelle loi !
Fil de la Vierge, image de ma vie, *quasi a texente succiditur !*.........
A quoi ai-je consumé les jours que le Seigneur m'a donnés ?.............
La fleur céleste s'ouvre chaque matin et tombe le soir : c'est l'histoire de
l'homme, et cette histoire se rattache à l'humble tige, ou bien c'est elle
qui se mêle aux grandeurs, aux vanités, aux actions saintes et aux
œuvres coupables : c'est le témoin de Dieu dans la faiblesse et dans
la puissance du genre-humain............

Et confus d'avoir tant omis et tant ignoré, j'offre en silence ce dernier
bouquet à Marie, Mère de mon Dieu-Sauveur, devant qui je m'anéan-
tis et j'adore !.......

Le Tovrne-Soleil.

OMNIS CARO FENUM.

De ce fleurs écloses le matin et sitôt moissonnées, je préfère celles qui ont le mieux su mourir : elles agonisaient sur l'autel dans une attente joyeuse !........ Et Toutefois elles n'ont rien enseigné de plus.

Elles disent : *Nos vitâ vivimus tantum ; post mortem autem non erit tale nomen nostrum. (Eccli. XLVIII. 12.)* Pauvres fleurs ! images fugitives ! de tant de beauté rien ne restera ! La vie humaine est une réalité qui ne périt pas ; L'homme écoute les leçons de la nature qui passe ; lui se sent immortel !

FLORILÉGE. Une Ame dévote regardant un ruisseau, et y voyant le ciel représenté avec les estoiles en une nuit bien sereine : O mon Dieu, dit-elle, ces mêmes estoiles seront dessous mes pieds quand vous m'aurez logé dans vos saints tabernacles ; et comme les estoiles du ciel sont représentées en terre ainsy les hommes de la terre sont représentés au ciel en la vive fontaine de la charité divine.

L'Aultre voyant un fleuve flotter, s'écrioit ainsy : Mon Ame n'aura jamai de repos qu'elle ne soit abymée dans la mer de la divinité qui est son origine............ Et Saincte Françoise considérant un agréable ruisseau sur le rivage duquel elle s'étoit agenouillée pour prier, fust ravie en extase, répétant plusieurs fois ces paroles tout bellement : la grâce de mon Dieu coule ainsy doucement comme ce petit ruisseau.

Un aultre voyant les arbres fleuris, soupiroit : pourquoy suis-je seul défleuri au jardin de l'église ?............ Un aultre voyant le Tourne-Soleil dit : quand sera ce, Mon Dieu, que mon Ame suivra l'attrait de votre bonté ! Et voyant des pensées de jardin, belles à la vue ; mais sans odeur, hé ! dit-il, telles sont mes cogitations, belles à dire ; mais sans effet ni production *(St François de Sales.)*

Relisez St François d'Assise, ravi à la vue d'une fleur.

Avez-vous entendu parler de la Vénérable Mère Madeleine de St Joseph, première prieure Française du Carmel ! En quittant les solitudes de Fontaine pour entrer au couvent de Longchamps, elle pleura d'avoir été ingrate envers Dieu, négligeant jusque là les leçons des fleurs. Les fleurs lui parlaient trop tard ! Elle avait vingt-cinq ans !............

Lisez St Liguori. L'abbé de Rancé, fondateur de la Trappe, ne jetait jamais ses regards sur les collines, les fontaines, les oiseaux, les fleurs, les planètes et les cieux qu'il ne se sentit enflammé d'amour pour Dieu.

Lorsque Ste Marie-Madeleine de Pazzi considérait une fleur, elle était tout
embrasée d'amour pour Dieu et s'écriait : c'est donc par amour pour moi
que Dieu a songé de toute éternité à créer cette fleur !
Ste Thérèse à l'aspect d'un arbre, d'un ruisseau, d'un pré, d'une fontaine,
se reprochait son peu d'amour pour Dieu qui avait créé tous ces beaux ob-
jets pour être aimé d'elle.
Un pieux solitaire croyant s'entendre reprocher la même chose par les arbres et les fleurs qu'il rencontrait sur sa route, leur disait : taisez-vous, vous
me dites que c'est par amour pour moi que Dieu vous a créés et que cependant je ne
l'aime pas ; mais je vous entends, taisez-vous, et ne me le reprochez pas davan-
tage ! . . . .
Lisez ces livres oubliés, ces doublures d'images dédaignées ; et appropriez-vous
ces traits qui viennent jusqu'à vous sous les pseudonymes de Smaragdus
ou de Gemma ? O perles d'éloquence ! qu'eussiez vous fait dire au passiflore
glorieux dans ses stygmates austères ! Rapsodes plus divins qu'Homère
vous dont la voix charmait les âmes vertueuses échappées aux corruptions du
paganisme, emprunt les accents de la poésie antique aussi bien que ceux de
David et de Salomon, rajeunissant dans le Christianisme les fictions des âges
passés, émus de miséricorde surtout, comme le prophète à la vue du lierre
desséché. ô Columba, Patrick, Grand Martin ! que l'esprit dont vous fûtes
inspirés anime ces privilégiés de la terre et que tant de fleurs précieuses, venues des pays lointains ornent *Un nouveau chemin de l'Amour
Divin. Jardin de Victoire. (Voyez Smaragde.)*
Si les fleurs de cet herbier ont parlé, que n'ont-elles pas à dire encore !
. . . . Ineffable dans son silence et dans son immobilité, la fleur
semble jouir de la surprise de votre esprit, naguère inattentif aux mira-
cles dont parlait St Augustin, *quæ assiduitate viluerunt !*
Vienne donc un souffle puissant de la grâce Divine dans ce mois des sen-
teurs printanières, des bourrasques inoffensives . . . .
Et que la *Flore Humaine*, courbée sous cette brise, adore son Dieu
et Glorifie sa mère,

La Très Sainte-Vierge-Marie, conçue sans péché.

Jean 1er

9 782329 695273